Todos los libros de Linkgua Ediciones cuentan con modelos de Inteligencia Artificial entrenados por hispanistas. Pregúntale al chat de tu libro lo que desees acerca de la obra o su autor/a.

Para ebooks: Accede a nuestro modelo de IA a través de este enlace.

Para libros impresos: Escanea el código QR de la portada con tu dispositivo móvil.

Obtén análisis detallados de nuestros libros, resúmenes, respuestas a tus preguntas y accede a nuestras ediciones críticas generativas para una experiencia de lectura más enriquecedora.
La transparencia y el respeto hacia la autoría de las fuentes utilizadas son distintivos básicos de nuestro proyecto. Por ello, las respuestas ofrecen, mediante un sistema de citas, las fuentes con las que han sido elaboradas.

Agustín Moreto y Cabaña

Entremés famoso de la perendeca

Barcelona 2024
Linkgua-ediciones.com

Créditos

Título original: Entremés famoso de la perendeca.

© 2024, Red ediciones S.L.

e-mail: info@linkgua.com

Diseño de cubierta: Michel Mallard

ISBN rústica ilustrada: 978-84-9816-044-4.
ISBN ebook: 978-84-9953-130-4.

Sumario

Brevísima presentación

La vida

Agustín Moreto y Cabaña. (Madrid, 1618-Toledo, 1669). España.

Sus padres eran italianos. Fue capellán del arzobispo de Toledo y tuvo una vida tranquila. Alcanzó una notable popularidad en los siglos XVII y XVIII. Escribió comedias de carácter religioso, tradición histórica y costumbres. La edición completa de sus obras se publicó en tres partes en los años 1654, 1676 y 1681.

Personajes

Perendeca
Calderero
Su amo, el Vejete
Esportillero
María
Barbero
Convidado

Entremés famoso de la perendeca

(Sale huyendo Esportillero y Calderero tirándole del brazo.)

Esportillero   No le tengo de oír, ¿qué me porfía?

Calderero   Pues tanto hará de oírme todo un día.

Esportillero   ¿Un día? ¡Barrabás que fuera oyente!

Calderero   Pues oígame seis horas solamente.

Esportillero   Tal tentación de hablar, yo no la he visto.

Calderero   Una hora me ha de oír, ¡jurado a Cristo!

Esportillero   Suelte.

Calderero   No hay orden.

Esportillero   Hablador notable.

Calderero   Déjeme despedir.

Esportillero   Ni aun eso me hable.

(Suéltase, y vase.)

Calderero   Pues esportillerito calvatrueno,

vete con Bercebú a llevar lo ajeno,
que para hablar una semana entera,
bástame por oyente mi montera.

(Echa la montera y siéntase junto a ella.)

Yo soy un hombre, hermano monterilla,
el mayor hablador que hay en Castilla;
y aprendí a calderero
por hablar con las manos y el caldero,
cuando voy, sin que nadie me replique,
haciendo por la calle el triquetrique.
Estoy enamorado, estoy perdido,
más bien correspondido,
que mi moza que en nada se entremete
no habla más de con otros seis o siete;
yo soy el uno, el otro es un barbero,
el otro este corito esportillero,
que por ella se endiabla;
uno sirve, otro tañe, otro habla,
ninguno la regala,
y a todos nos envía noramala.
Ella sirve a un vejete engerto en zorra,
entre sombrero y gorra;
sombrero en los bateos, que hay confites
para aparar, y gorra en los convites.
Yo he hablado sin que nadie me lo vede,
vuesasté no replique, que no puede;
vamos que ésta es mi historia verdadera,
para el paso en que estoy, que es de montera.

(Salen cantando en tono de jácara María y Perendeca con sus mantellinas. El Esportillero con la ropa acuestas y el Barbero también con ella rebozado. Canta.)

María   «Mal haya la vida mía,
si te envidio, Perendeca,
cuando veo que a tu miel
tantas moscas se le pegan,
porque son como barquillos
los mocitos sin hacienda,
que entretienen y no hartan
y al primer toque se quiebran.»

(Al Barbero.)

Perendeca   ¿Qué me quieres, Barberito
que todas somos barberas?
Pues de la vena del arca
sangramos por excelencia.
En no dejándoles sangre,
pedimos aprisa venda,
venda, venda, y si no vende,
picamos en otra vena.
De los galancetes ninfos,
que con nosotras se afeitan,
sus bolsas son las bacías,
las navajas nuestras lenguas.
(Al Esportillero.) Tú sabes también que tengo
un poco de esportillera,
pues llevo un recado ajeno
por dos cuartos hasta Armenia.

(Al Calderero.)	Quédate, Caldererillo,
	que es decirme que te quiera
	machacar en hierro frío.
	Y tú, Marica, te queda,
	que ésta es mi posada, y temo
	que si a venir mi amo acierta,
	como a ratones con queso,
	a todos nos coja en ella.
Barbero	Yo no me tengo de ir
	hasta que me favorezcas,
	que basta que por tu causa
	ha un mes que no veo mi tienda.
Esportillero	¡Hase de ir que solo yo
	me quedo con Perendeca!
Calderero	¿Qué es eso, pícaro? Él es
	el primero que ha de ir fuera.
Perendeca	Hombres que me destruís,
	idos, antes que anochezca,
	que vendrá mi viejo.
(Dentro.)	
Vejete	¡Hola!
Perendeca	Con todo dimos en tierra.
	Él me mata si te ve,
	porque tengo orden expresa
	que no me junte contigo.

Calderero	Bueno, y acá somos bestias.
Vejete	¡Abre aquí, diablo!
Perendeca	Ahora bien; póngase aquesta caldera, y con estos tres martillos vuestastedes den en ella como en el real de enemigo.
Barbero	¡Linda invención!
Calderero	Sí, es tan buena; póngase vuested aquí.

(Pónese de rodillas Calderero con la caldera metida en la cabeza, y Barbero, Esportillero y María con los martillos alzados, los brazos de figuras, y sale el Vejete.)

Barbero	Guarda la gamba.
Calderero	Aquí entra justicia, y no por mi casa.
Vejete	¿Dónde estabas, mala hembra?
Perendeca	Con este ruido no oía.
Vejete	Pues, ¿qué figuras son éstas?
Perendeca	Como ha dos días no más,

que parió la calderera;
por el ruido, el obrador
ha enviado acá estas mesmas,
en levantando este muelle...

Calderero   ¡Molidas las carnes tengas!

Perendeca   ...trabajan como personas.

Calderero   ¡Mal trabajo por ti venga!

Vejete   Veámoslo.

Perendeca   Da un pellizco
                   debajo de la caldera.

(Dale un pellizco el Vejete a Calderero, vase a levantar y dale
con la caldera en la cara.)

Calderero   ¡Ay, mi brazo!

Vejete   ¡Ay, mis narices!

Perendeca   Si tú te llegas tan cerca...

(Dan todos tres sobre la caldera al son que hacen los herre-
ros.)

Vejete   ¡Hay tal ruido! Hazlos callar;
                   y tú, ponte a asar la cena,
                   que hay un convidado, y este
                   quebradero de cabeza
                   al herrero que echa chispas.

Presto que ya doy la vuelta.

(Vase el Vejete.)

Calderero   ¡Es muy mal hecho pegar
como si fuera de veras!

(Riñen por encima de la cabeza de Calderero, que aún ha de tener puesta la caldera, y ellos los martillos con que dan en ella.)

Barbero   Mas mal hecho es engerirse
donde le quieran por fuerza.

Esportillero   Y el mondanísperos, diga:
¿quién le quiere, o quién le ruega?

Barbero   Pues tú a mí, don Esportilla.

Esportillero   Pues tú a mí, doña Lanceta.

Calderero   ¡Riñan allá, valga el diablo,
los vulcanos de la lengua!

María   Yo me voy, amiga.

(Llama el Vejete.)

Vejete   ¡Moza!

Perendeca   Ya vuelve. ¡Hémosla hecho buena!
Que sin querer yo a ninguno
en estos ruidos me metan.

Vejete	¡Abre aquí, picaronaza!
Perendeca	Entre, y véalos.
Todos	¡Clemencia, ten lástima de nosotros!
Perendeca	Ahora bien, pónganse apriesa todos a gatas; y el uno, zámpese por la cabeza aquesta media tinaja.

(Pónense Barbero y Esportillero a gatas, una tabla atravesada encima, y en ella sentado Calderero, con media tinaja dentro la cabeza, y un barreño de ceniza a los pies.)

Calderero	Pues... ¿qué he de ser?
Perendeca	Chimenea.
Vejete	Diablo, ¿dónde estás?
Perendeca	Ya voy.
Calderero	¡Alto! De esta vez, me queman.
Vejete	¿Hay tal esperar? ¿Qué hacías?
Perendeca	Quería aliñar la cena...
Vejete	¿Qué aún no la tienes asada?

¿Acá estáis vos, buena pieza?

María   Con licencia de vuested.

Vejete   Vos os tomáis la licencia,
dad acá; yo lo asaré
mientras vais por vino. ¡Apriesa!
y tú, sopla.

María   Que me place.

(Pónese a asar el Vejete e hinca el asador en las tripas de Calderero. María sopla, y llena las caras de ceniza a los tres.)

Calderero   ¿Soy cecina, que me humean?

(Canta.)

María   «Los morillos, ¿qué dicen de aqueste soplo?»

Esportillero   ¡Que Miércoles de Ceniza se ha vuelto el Corpus!

(Saca la cabeza por la tinaja muy tiznada.)

María   ¿Qué dijera, si hablara la chimenea?

Calderero   ¡Qué está buena su madre y humazos la echan!

Vejete   ¡Valga el diablo la pared

que un agujero no tenga
en que entrar el asador!
Pues yo se le haré por fuerza.
Oigan; ¡qué rebelde está!

Calderero   ¡Dios mío, que me barrenan
pensando que yo soy capón!
Quiero espantarle con tierra.

(Échale tierra.)

Vejete   ¡Jesús, qué se cae la casa!

María   Es la chimenea vieja,
y cayóse algún terrón.

Vejete   Míralo; toma esa vela.

(Entra Perendeca con un jarro de vino al tiempo que prende
unas estopas que han de estar en la boca de la tinaja.)

Perendeca   Aquí está el vino, señor.

María   ¡Ay, Dios!

Vejete   ¡Fuego, que se queman
la chimenea y la casa!

Perendeca   ¡Agua!

María   ¡Fuego!

Vejete	¡Agua, y apriesa!
Perendeca	Echa por este cañón.

(Echan jarros de agua por la boca de la tinaja.)

Calderero	¡Que me mojan!
Esportillero	¡Que me tuestan!
Barbero	¡Que me cuecen!
Calderero	¡Que me asan!
Esportillero	¡Que soy sopa!
Barbero	¡Que soy yesca!
Vejete	Aplacóse todo. ¿Es algo?
Calderero	Más de lo que yo quisiera.
Perendeca	Que no fue nada, señor.
Calderero	¡Mientes como mala hembra!
Perendeca	¡Plega a Dios que venga ya el convidado!
Calderero	De piedra, para alegrarte los cascos.

Vejete	Oyes, ten puesta la mesa mientras le voy a llamar.

(Vase.)

Perendeca	De muy buena gana.

Vejete	Cierra.

Calderero	Esto ha sido gran traición.

Barbero	Esto ha sido grande afrenta.

Esportillero	Esto ha sido gran dolor.

Perendeca	Díjeles yo que me vieran, miren cuál están los pobres.

(Ríese.)

Calderero	¿De qué te ríes, esenta?

Perendeca	Ahora bien; váyanse al punto, no aguarden a la tercera.

Calderero	¡Bercebú que tal aguarde!

Esportillero	¡Judas, que en tal se pusiera!

Barbero	¡Caifás, que tal intentara!

Todos	Vamos.

(Hacen que se van y llama el viejo.)

Vejete	Abre, Perendeca.

Calderero	¡Válgate el diablo por viejo, y qué listo que andas!

Perendeca	Tengan, que ya he empezado y por libres los tengo de dar.

Calderero	¡Carena!

(Hacen todo lo que van diciendo. Al Barbero y Esportillero.)

Perendeca	Pónganse ellos dos de bancos.

(A María y al Calderero.)

Ponles tú estas dos carpetas,
yo le pondré estos manteles
a él, que ha de ser la mesa.

Vejete	¡Muchacha que hace sereno, ábreme!

Calderero	Por medio sea.

Barbero y Esportillero	Señora mesa, ¡chitón!
Calderero	Señores bancos, ¡Paciencia!

(Sale el Vejete y el Convidado, que es otro vejete.)

Vejete	Si no fuera por el huésped, ¡relamida yo os hiciera!
Perendeca	¿Piensa vuested que podemos acudir con tal presteza de la cocina a la sala y de la sala a la puerta?
Convidado	No haya más, por vida mía.
Vejete	Traed la cena.
Calderero	La postrera.

(Siéntanse en los bancos; ha de haber en la mesa unos panecillos y candelero con luz. A María.)

Vejete	Y tú, pues aún no te has ido, cántanos alguna letra.
Barbero	¡Cuerpo de Dios, cómo pisa!
Esportillero	¡Cuerpo de Dios, cómo pesa!

(Canta.)

María	«Sacóme de la prisión...»

Calderero	A mí me ha metido en ella.

(Canta.)

María	«...el rey Almanzor un día. Sentarme a la su mesa, hízome gran cortesía.»

Esportillero	Del mal, no tanto; comamos.

(Alza la mano Esportillero, y quítale el bocado de la boca al Convidado.)

Convidado	¡Zape! ¡De la mano mesma me le quitó!

Vejete   ¿Qué?

Convidado   El bocado.

Vejete   ¿Quién?

Convidado   El gato.

Vejete	¡Buena es esa; no hay gato en toda la casa! Echa vino, Perendeca;

déjalo ahí.

Convidado   Buen color,
¿de dónde es?

Perendeca   De la taberna.

Barbero   Adonde quiera que fueres
haz como vieres.

(Echa vino, pónenlo en la mesa, alcánzalo Barbero y bébese-
lo y vuelve a poner el vaso donde estaba.)

Calderero   ¡Qué sea
en todo tan desgraciado,
que comer ni beber pueda!
Pero ¿éste no es el jarro?

(Bébese el jarro el Calderero y lo vuelve a su sitio. Toma el
jarro el Vejete.)

Vejete   Brindis, mas ¿qué es esto? ¡Espera!
¿Y el vino?

Perendeca   Ya lo bebiste.

Vejete   ¿Yo? ¿Qué dices?

Convidado   Treta vieja.
Echad otra, y acabemos.

Vejete   No me acuerdo, pero echa.

(Hace que echa vino.)

Perendeca   No hay vino, señor.

Convidado   ¿No?

Vejete   Pues,
es ésta la vez primera
que bebemos, y ¿no hay vino?

Calderero   Habrá seis horas que cenan.

Esportillero   ¿Es cena de carpinteros?

Barbero   ¿Es cena, y comida es ésta?

Convidado   Compadre el duende es vinoso.

Vejete   En nada que hacer aciertas,
¿qué plato es éste?

(Es un plato medio quebrado.)

Perendeca   No hay otro.

Calderero   ¿Mas que me da en la cabeza
con él?

Vejete   ¡Valga el diablo el plato!

(Quiébrasele en la cabeza, y caen los cascos en el suelo.)

Calderero   ¡Ay, qué he salido profeta!

Vejete   ¡Qué me sumo!

Convidado   ¡Qué me hundo!

Calderero   ¡Sumidos y hundidos mueran!

Vejete   Oigan. ¿Esto tengo en casa?
                 ¿Quién sois?

Calderero   Señor, una mesa
                 de garito, donde dan
                 golpes de todas maneras.

Convidado   Y vosotros, bergantones,
                 ¿quién sois?

Esportillero   Dos bancos que quiebran.

Barbero   Dos asientos sin fianzas

Vejete   Atad ése a su cabeza,
                 que yo ataré éste a los pies.

(Atan al Calderero por los pies, y con el mismo cordel al Esportillero por la cintura, y luego al Calderero por debajo de
los brazos; y al Barbero con el mismo cordel de la cintura, y
en dando al Esportillero con un matapecados huye, y arras-

tra al Calderero, y lo mismo sucede el con Barbero. Los que aporrean son los dos viejos.)

Calderero	¿Soy cama, que me encordelan?
Barbero	¡A huir, que anda la paliza!
Esportillero	¡A huir, que anda la azotea!
Calderero	¡Ay, que no creí a mi madre que dijo: «Arrastrado mueras»!
Barbero	¡Quedito, que me acribillan!
Esportillero	¡Quedito, que me derriengan!
Calderero	Escarmentad, ojitiernos, que arrastran por perendecas.

Fin del entremés

Libros a la carta

A la carta es un servicio especializado para
empresas,
librerías,
bibliotecas,
editoriales
y centros de enseñanza;
y permite confeccionar libros que, por su formato y concepción, sirven a los propósitos más específicos de estas instituciones.

Las empresas nos encargan ediciones personalizadas para marketing editorial o para regalos institucionales. Y los interesados solicitan, a título personal, ediciones antiguas, o no disponibles en el mercado; y las acompañan con notas y comentarios críticos.

Las ediciones tienen como apoyo un libro de estilo con todo tipo de referencias sobre los criterios de tratamiento tipográfico aplicados a nuestros libros que puede ser consultado en Linkgua-ediciones.com .

Linkgua edita por encargo diferentes versiones de una misma obra con distintos tratamientos ortotipográficos (actualizaciones de carácter divulgativo de un clásico, o versiones estrictamente fieles a la edición original de referencia).

Este servicio de ediciones a la carta le permitirá, si usted se dedica a la enseñanza, tener una forma de hacer pública su interpretación de un texto y, sobre una versión digitalizada «base», usted podrá introducir interpretaciones del texto fuente. Es un tópico que los profesores denuncien en clase los desmanes de una edición, o vayan comentando errores de interpretación de un texto y esta es una solución útil a esa necesidad del mundo académico.

Asimismo publicamos de manera sistemática, en un mismo catálogo, tesis doctorales y actas de congresos académicos, que son distribuidas a través de nuestra Web.

El servicio de «libros a la carta» funciona de dos formas.

1. Tenemos un fondo de libros digitalizados que usted puede personalizar en tiradas de al menos cinco ejemplares. Estas personalizaciones pueden ser de todo tipo: añadir notas de clase para uso de un grupo de estudiantes, introducir logos corporativos para uso con fines de marketing empresarial, etc. etc.

2. Buscamos libros descatalogados de otras editoriales y los reeditamos en tiradas cortas a petición de un cliente.